LOIS

SUR

LA COMPÉTENCE.

DE L'IMPRIMERIE D'A. BÉRAUD,
Rue du Foin Saint-Jacques, n° 5.

LOIS

SUR

LA COMPÉTENCE

DES

FONCTIONNAIRES PUBLICS

DE TOUTES LES HIÉRARCHIES;

RECUEIL

Composé pour la commodité des Fonctionnaires publics et des Citoyens, suivant le plan tracé par l'Avis du Conseil-d'État, du 7 janvier 1813;

Par M. Dupin,

Docteur en Droit, et Avocat à la Cour Royale de Paris.

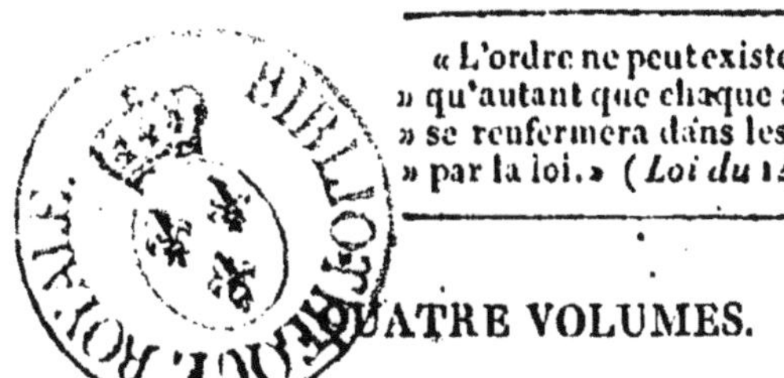

> « L'ordre ne peut exister dans le royaume,
> » qu'autant que chaque autorité constituée
> » se renfermera dans les limites prescrites
> » par la loi. » (*Loi du 14 Septembre 1792.*)

QUATRE VOLUMES.

PARIS,

GUILLAUME, LIBRAIRE,

RUE HAUTEFEUILLE, N°. 14.

—

JANVIER 1825.

INTRODUCTION.

I.

Du Pouvoir et de la Compétence en général.

Un fonctionnaire public est *compétent* lorsqu'il a reçu de la loi le pouvoir de faire un acte ; si ce pouvoir lui manque, il est *incompétent ;* et l'acte est nul : aussi, dit-on avec raison, qu'il n'y a pas de plus grand défaut que le défaut de pouvoir, *non est major defectus quàm defectus potestatis.*

Qu'est-ce donc que le pouvoir ?

Si l'on s'arrête à la signification grammaticale, le mot *pouvoir* exprime, en général, la simple faculté de faire une chose ou un acte, si notre volonté nous y porte ; sans toutefois que nous y soyons obligés, si nous ne le voulons pas.

Je suis chez moi, je suis libre ; *je puis* sortir si je le veux ; mais rien ne m'y force ; *je puis* lire ou écrire , ou rester dans l'oisiveté , si bon me semble : tout cela est *en mon pouvoir ;* mais le pouvoir ainsi considéré par rapport à nous-mêmes n'exprime que notre *liberté d'agir.*

Considéré dans l'ordre social , relativement à l'action réciproque des hommes les uns sur les autres , le mot *pouvoir* reçoit différentes significations.

Ainsi , ce mot , du mari à la femme, exprime *la puissance maritale ;* du père aux enfans , *la puissance paternelle.* Appliqué au gouvernement des Sociétés , il signifie *l'autorité que les magistrats* exercent sur les citoyens (1).

Le véritable pouvoir suppose la réunion du fait et du droit. En effet , le droit de commander séparé du fait , c'est-à-dire des moyens de se faire obéir , n'est dans la réalité que *l'impuissance :* et le fait seul, c'est-à-dire, la force isolée du droit de l'employer , ne constitue le plus souvent que la *violence.*

Pour avoir une idée nette du pouvoir , il faut donc distinguer *le pouvoir de fait* et *le pouvoir de droit.*

---

(1) Potestatis verbo plura significantur : in personâ magistratuum , *imperium ;* in personâ liberorum, *patria potestas ;* in personâ servi, *dominium.* L. 215. ff. *de verb. signif.*

Le pouvoir de droit est celui qui repose sur la *convention* ou sur la *loi.*

Une société se forme. Le pacte social est exprès ou tacite ; rédigé par écrit, ou consenti par l'usage ; n'importe ; c'est une convention (1). Dès-lors elle lie tous les membres de la Cité ; les uns comme magistrats, avec le pouvoir de commander, et le devoir de le faire avec modération et justice ; les autres, comme citoyens, avec l'obligation d'obéir à ce qui leur sera légitimement ordonné.

Des lois sont portées par l'autorité à qui le pacte social a délégué ce droit ; elles créent ou organisent des pouvoirs secondaires ; elles expliquent et développent la compétence des divers fonctionnaires publics établis selon les besoins de la société. Le pouvoir de ces fonctionnaires est un *pouvoir de droit,* un pouvoir *légal* ; il procède *de la loi.*

Résister à la loi, de la part d'un citoyen, c'est violer sa parole, c'est manquer à sa propre con-

---

(1) Consensu fiunt obligationes. *L.* 2. ff. *de Oblig. et act.*

Sed et *nutu solo* pleraque consistunt. *L.* 52. §. 10. ff. *eod. tit.*

Sed etiam *tacité* consensus intervenire *intelligitur. L.* 2. If. *de pactis.*

vention; car il n'est citoyen, c'est-à-dire membre de l'association, que sous la condition, à laquelle il s'est soumis, d'obéir aux lois de la Société. S'il s'écarte de son propre contrat, les magistrats ont donc *le droit*, en vertu du contrat même, de le rappeler de gré ou de force à sa légitime exécution (1).

Mais un conquérant se présente; il envahit notre pays; il y porte le fer et la flamme; il insulte à notre croyance; il abolit nos lois, et nous impose les siennes! — Il est le plus fort; il est clair qu'il a le *pouvoir de fait* : mais a-t-il le *pouvoir de droit ?* — Pas encore; car nous n'avons point contracté avec lui; il y a société, mais *société léonine* ; le maître seul a parlé. Mais aussi, par la raison même que la force seule nous a imposé son joug, si la force peut encore nous en délivrer, la révolte aura été dans les termes de droit (2).

Les Grecs, par exemple, malheureuse et intéressante nation, que doivent-ils aux Turcs? La

---

(1) *Contractus sunt ab initio voluntatis, ex post facto necessitatis.* Eh ! quoi de plus naturel ! *Quid enim fidei humanæ tam congruum est quam ea quæ inter eos placuerunt servare ? L.* 1. ff. *de pactis.*

(2) *Nihil tam naturale est quàm eo genere quidque dissolvere quo colligatum est. L.* 35. ff. *de reg. juris.*

Croix est-elle à juste titre vassale du Croissant ?
La question a-t-elle été changée depuis que
nos pères s'armèrent pour aller, disaient-ils,
combattre les infidèles, et secourir leurs frères
en Jésus-Christ ? La durée de l'oppression n'a
fait qu'ajouter au crime de l'oppression même.
La tyrannie la plus dure, la plus féroce, la plus
avilissante, a pesé, de la part des vainqueurs,
sur les infortunés vaincus ; le cimetère les a
décimés ; leurs vierges ont été violées, leurs
vieillards massacrés, leurs enfans réduits en
esclavage, et vendus à l'encan comme de vils ani-
maux!.... Mais, si le Tout-Puissant a cessé d'ap-
pesantir sa main sur son Peuple; s'il a de nouveau
inscrit sur la croix *in hoc signo vinces ;* si les
vaincus sont devenus à leur tour, par la grâce
de Dieu et de leur épée, vainqueurs de leurs bourreaux ; qui pourra les taxer d'usurpation, pour
avoir osé se reconquérir eux-mêmes, en ressaisis-
sant des droits dont la violence seule les avait
indignement dépouillés ?

On peut encore donner pour exemple les insur-
rections des Noirs. « *La force,* dit M. de Pradt,
*peut légitimement détruire l'ouvrage de la
force.* Que devait à un colon de Saint-Domin-
gue l'homme qu'il avait fait enlever aux côtes
d'Afrique, à sa patrie, à ses affections, à ses
propriétés, pour en faire une bête de somme, des-

tinée à féconder ses champs en Amérique, et à grossir sa fortune ? Ne voilà-t-il pas un droit bien pur et bien respectable ?» (1)

Le pouvoir de fait, lorsqu'il est isolé de tout droit, ne se trouvant contenu par aucune règle, et ne reposant que sur l'emploi indéfini de la force physique, peut s'étendre indifféremment à tout ce qui est possible en soi. Le loup est plus fort que l'agneau; que sert alors à celui-ci d'adresser à son ennemi des raisons qui, pour tout autre, seraient sans réplique !

> Le Loup l'emporte, et puis le mange
> Sans autre forme de procès.

Dans les sociétés (bien que civilisées), ce pouvoir du loup peut être exercé par une masse aveugle qui se jette avec fureur sur une classe innocente et désarmée : il peut aussi être exercé par une minorité compacte qui, forte de son union, fait peloton contre chaque individu pris isolément, et l'opprime *sans autre forme de procès.* Ce genre de pouvoir domine par la force et la violence (2); il n'a pour borne que l'impossibilité

––––––––––

(1) *La France et les Col.*, chap. 5. page 570. — Les Colons, en recouvrant *leur liberté*, ont usé du droit naturel; mais, en retenant *les biens des Colons*, ils ont violé la *propriété.* Ils doivent *indemnité;* aussi l'ont-ils offerte.

(2) Qui tùm et poterant *per vim* et scelus plurimùm.

physique ; il règne , il commande, il pèse , tant qu'une force supérieure ne parvient pas à le surmonter ou à l'intimider ; et c'est en ce sens que La Fontaine, écrivain exact autant que moraliste profond, a dit, non pas *le droit* du plus fort, (car il savait bien que la force seule ne peut jamais constituer un droit), mais

La raison du plus fort est toujours la meilleure;

c'est-à-dire que le plus fort sait toujours faire prévaloir sa prétention.

Le pouvoir de droit ne comporte point de tels excès. Comme il a pour base la loi ou la convention qui l'établit , il est circonscrit par les termes de cette loi ou de cette convention. Il l'est surtout par la morale , cette première de toutes les lois, à laquelle nulle autre loi, nul pacte public, ne saurait déroger. C'est en ce sens que les jurisconsultes romains nous disent, par l'organe de Papinien, que l'on doit regarder comme impossible tout ce qui blesse la morale publique, les convenances sociales , et la juste estime de soi-même (1).

Cic. pro *Quintio* 46.—Potentia in vi posita est et armis. *In Bruto.* x. 5.

(2) Nam facta quæ lædunt pietatem, existimationem, verecundiam nostram, et quæ contra bonos mores fiunt, nec nos facere posse credendum est. *L.* 15. ff. *de Condit. inst.*

C'est en ce sens aussi que nous disons que *le Roi ne peut mal faire* (1); parce qu'il est censé, par une haute et belle fiction, ne vouloir jamais rien que de bon et de juste : opinion tellement forte que, lorsqu'il se commet quelque mal, bien loin de l'imputer au Prince, on s'écrie : *Ah ! si le Roi savait !*

En présence d'un tel pouvoir, les citoyens sont sujets, mais ils ne sont point esclaves. Des devoirs leur sont imposés, mais ils ont aussi des droits; et, si les magistrats, parlant au nom des lois, ont le pouvoir d'exiger d'eux l'obéissance, les citoyens, au nom de ces mêmes lois, ont réciproquement le droit d'invoquer la protection du Souverain et l'appui de la Société tout entière contre les *excès de pouvoir* dont on voudrait les rendre victimes, et l'oppression que l'on essaierait de faire peser sur eux. Ici commence la responsabilité des fonctionnaires.

Le *pouvoir*, quel qu'il soit, agit ou par la force matérielle, ou par la force d'opinion : (je ferais

----

(1) Le proverbe va plus loin, en disant que « Dieu lui-même *ne pourrait pas* faire qu'un bâton n'eût pas deux bouts. » Parce que Dieu, lié par la Charte que sa sagesse éternelle a imposée à l'univers, ne peut rien vouloir de contraire à l'ordre naturel qu'il a prescrit aux êtres de sa création.

mieux de dire l'opinion de sa force). Il faut donc distinguer le *pouvoir physique* et le *pouvoir moral*.

Le *pouvoir physique* consiste dans le développement et l'emploi de la force matériellement nécessaire pour procurer l'obéissance aux ordres de l'autorité. Par exemple, le magistrat ordonne l'arrestation d'un prévenu ; celui-ci refuse de se rendre en prison. Deux gendarmes, porteurs de l'ordre d'arrestation, et précédés d'un officier municipal, se présentent à son domicile ; les portes sont fermées ; on refuse de les ouvrir. Un serrurier est requis pour lever la serrure ; on enfonce la porte, on entre. Le prévenu veut résister ; on le lie ; bref, il est emmené et constitué prisonnier : voilà le pouvoir physique sensiblement démontré.

A côté du pouvoir physique, vient se placer le *pouvoir moral*.

Il n'est ordinairement qu'une conséquence du pouvoir physique. Un gouvernement est fort et bien établi : il y a des lois, des magistrats, des gendarmes..... Des séditieux auraient le secret désir de troubler l'ordre public ; mais ils savent qu'une police vigilante les surveille ; qu'au premier mouvement ils seraient arrêtés, jugés, exécutés ; ils n'osent conspirer. Le *pouvoir moral* de la société agit sur leur imagination avec autant d'efficacité pour les contenir que le *pouvoir physique* agirait pour les réprimer s'ils bronchaient. Ainsi, le pouvoir moral s'établit par la crainte que l'idée du pouvoir physique imprime dans les esprits.

Il semblerait que le *pouvoir moral* ne doit exister qu'en présence du pouvoir de droit ; car un pouvoir, illégal n'obligeant point la conscience, ne peut agir sur elle pour lui commander l'obéissance, et n'inspire aux cœurs généreux que le désir de la résistance ; mais tous les hommes ne sont pas des stoïciens ; et comme ce pouvoir, tel que je l'ai défini , n'opère pas seulement sur les esprits par l'opinion qu'on a de sa légitimité ; mais qu'il agit sur les imaginations par l'opinion surtout que l'on s'est faite de la certitude et de la rapidité de ses effets. Il en résulte que ce pouvoir se fait sentir dans un gouvernement de fait , avec plus de force quelquefois que dans un gouvernement de droit , en proportion de ce que l'un est ordinairement plus violent que l'autre.

Et cependant , comme ce qui *est de droit* conserve toujours un avantage imprescriptible sur ce qui est injuste et illégal, il est un genre de *pouvoir moral* que le pouvoir qui n'est que *de fait* essaierait en vain de se concilier.

Le *pouvoir de droit* existe indépendamment même de toute action de sa part. Il est, parce

qu'il est ; il peut dire aussi : *Ego sum qui sum.*
La pureté de son origine lui donne la conscience
de sa perpétuité ; il ne pense pas qu'il puisse cesser
d'être ; il se croit éternel comme la justice , parce
qu'il émane d'elle.

Le *pouvoir de fait* n'a pas cette sécurité intérieure, cette bonne opinion de soi-même ; il
s'est vu naître , il craint de se voir mourir ; il
s'est élevé par la force , il craint d'être abattu
par elle ; le pouvoir de droit qu'il a remplacé lui
apparaît incessamment comme un spectre , toujours prêt à le renverser à son tour.

Cette inquiétude , cette anxiété, que le pouvoir
de fait conçoit sur son existence est partagée par
les citoyens ; ils ont conservé le souvenir du
passé , ils comptent peu sur le présent ; l'obéissance est précaire comme le pouvoir lui-même ;
et l'avenir laisse entrevoir la possibilité de nou-
veaux changemens.....

Telle est la puissance morale que le pouvoir de
droit exerce sur les imaginations ; elle est im-
mense dans son principe , incalculable dans ses
effets (1).

---

(1) « Le captif de Savonne , qui n'avait que des mains
désarmées , a plus embarrassé Napoléon que les ba-
taillons de l'Autriche ne l'ont fait à Wagram. A Bayonne,
les refus de Ferdinand firent éprouver plus d'angoisses à

Mais il est un autre genre de *pouvoir moral* encore plus puissant : il n'agit point par la crainte, mais par l'amour ; il n'a pas seulement pour appui l'opinion de sa légalité; il a pour stimulant le grand mobile de l'intérêt (1).

Faites qu'un gouvernement soit modéré ; qu'il soit humain, qu'il soit juste ; qu'il protège la liberté des personnes, la propriété des biens ; qu'il respecte les droits publics en même temps que les intérêts privés ; qu'il n'agisse ni dans l'intérêt d'une caste, ni sous une influence étrangère, mais par le sentiment intime du bien public, et de l'intérêt général du pays : un tel gouvernement sera le plus puissant de tous.

Napoléon que l'insurrection d'Espagne ne l'a fait depuis. Les princes ne se rendent pas assez justice à eux-mêmes : ils ne connaissent pas toute la *force morale* dont ils sont investis, et dont ils peuvent disposer. » M. DE PRADT. *La Fr. et l'Emig.*, p. 104.

(1). C'est ce qu'un auteur moderne, remarquable par la fécondité de ses productions et la hauteur de ses aperçus, appelle « faire trouver à la royauté son empire sur la société dans le sentiment du bien qu'elle lui fait ; à des liens de force, substituer des liens de reconnaissance et d'amour ; à une puissance d'action rigoureuse, une puissance intérieure, celle de la conviction de la nécessité de la chose, par le sentiment du bien-être qui en vient. »

Chez lui , les malfaiteurs ne seront pas seulement contenus par la crainte des lois , des magistrats et des supplices ; ils appréhenderont la société tout entière, parce qu'ils la sauront affectionnée au maintien de l'ordre public, qu'il s'agirait pour eux de troubler ; ils désespéreront de trouver des complices , et même , en succombant sous le glaive de la justice, ils reconnaîtront leurs torts ; ils avoueront qu'ils doivent une satisfaction aux lois , et feront des vœux pour que leur mort soit utile encore à leur pays (1).

Le gouvernement dont le pouvoir ne repose que sur des moyens étrangers à l'amour des peuples est un gouvernement faible : s'il froisse les intérêts du plus grand nombre, il doit craindre que ces intérêts ne saisissent la première occasion qui s'offrira pour eux de prévaloir ; s'il règne par la terreur, il doit redouter à son tour que la fidélité ne recule devant une terreur plus forte. Mais l'amour ne cède pas : loin de là , il se roidit contre les obstacles. Ceux qu'on a sincèrement aimés dans la prospérité , on les aime davantage encore lorsqu'ils sont tombés dans le malheur ; et c'est à la veille de se voir privés d'un gouvernement protecteur de leurs vrais intérêts que les peuples

---

(1) Ce spectacle se présente souvent en Angleterre.

déploient ordinairement, pour le soutenir, toute la puissance et toute l'énergie de leurs moyens (1).

Ces vérités ont souvent été dites à nos Rois, et éloquemment exprimées dans les remontrances de nos parlemens : « Votre autorité, Sire (disait

---

(1) « Le plus petit peuple devient invincible quand il combat pour de tels intérêts ; mais, pour obtenir de lui cet héroïsme de résistance, il faut que les lois qu'il s'agit de défendre soient des lois qu'il affectionne, des lois identifiées avec ses besoins, ses mœurs, son existence sociale. Autrement, proposez-lui, par exemple, de se battre à outrance pour des *lois d'exception*, ou pour toute autre manière d'être gouverné qui choque ses idées, ses intérêts, ses souvenirs ou sa gloire ;.... dites-lui : allons, enfans de la monarchie, aux armes ! un ennemi féroce a pénétré sur notre territoire, il vient nous arracher aux douceurs du *secret*, à l'impartialité de la *censure*, etc., etc. — Un peuple se rirait d'un tel langage ; à l'instant même vous lui verriez commettre *le crime d'inertie* ; et voilà la principale cause de la chûte de Napoléon ! S'il a succombé, ce n'est point que l'étranger l'ait renversé ; mais le peuple français n'a plus voulu le soutenir ; on l'a laissé tomber de son propre poids ; on n'avait pas d'intérêt à le défendre : il nous avait ravi nos libertés, il avait tout renfermé dans le fourreau de son épée ! — L'intérêt est la mesure des actions humaines. Les hommes libres se battent pour conserver leur liberté ; les esclaves, pour la conquérir. Faites donc qu'on aime vos lois ; leur *force morale* est tout. » (*Annales du Barreau français*, édit. de Warée, tome X, p. 464.)

le parlement de Paris dans ses célèbres remontrances du mois d'avril 1753), est le plus ferme appui de la *liberté* de vos sujets : *liberté* qui vous les soumet par l'amour plus sûrement que par la contrainte ; qui vous les attache par le sentiment de leur intérêt plus sûrement et par des liens plus forts que ceux de la force ; *liberté* qui , également opposée à la licence et à la servitude , *caractérise le gouvernement monarchique* ».

Après avoir analysé le pouvoir dans son essence, si on veut le considérer par rapport à son *exercice*, on en distingue secondairement de plusieurs sortes. C'est ainsi que l'on dit le pouvoir *législatif* et le pouvoir *exécutif*; le pouvoir *civil* et le pouvoir *militaire* ; l'autorité *administrative* et l'autorité *judiciaire*.

Si j'avais à définir *la Souveraineté*, sans me jeter dans aucune des vaines et périlleuses disputes élevées sur ce mot, je dirais : *La réunion de tous les pouvoirs constitue la Souveraineté.*

En effet, je ne crois pas errer, en affirmant que la même masse de pouvoirs existe également chez tous les peuples. Chez tous, il y a le pouvoir qui fait les lois, et le pouvoir qui les fait exécuter ; des juges pour rendre la justice, et des bourreaux pour accomplir ses arrêts. Partout on retrouve une administration intérieure, une police, des relations extérieures, un code pénal, un droit civil, un droit public, un droit des gens, une religion.

Seulement le jeu et l'exercice des différens pouvoirs varient, selon la forme diverse des gouvernemens, plus ou moins parfaits, plus ou moins concentrés ; tantôt accumulés dans la main d'un despote, ou divisés dans celles de la démocratie ; tantôt remis aux soins d'une aristocratie plus ou moins éclairée, plus ou moins généreuse, plus ou moins désintéressée, plus ou moins amie des libertés publiques et de l'intérêt du pays ; tantôt, enfin, répartis avec sagesse et dans de justes proportions entre le monarque, les grands et les classes intermédiaires de la société.

Mais, quelle que soit la forme des gouvernemens, nul individu ne peut, à peine d'usurpation, s'attribuer à soi-même une part quelconque de l'autorité.

Cette usurpation du pouvoir n'est pas seulement condamnable de la part de quelques citoyens isolés qui tenteraient de s'en emparer ; elle est également ment criminelle de la part d'une ville ou d'une province qui entreprendrait de se séparer du corps de la nation ; qui traiterait avec une puissance étrangère ; qui se donnerait un chef ou un mode de gouvernement particulier ; ou qui, de toute autre manière, affecterait l'*autocratie*. C'est ce qu'exprime très-bien l'une de nos constitutions, en disant : « aucune section du peuple , ni aucun individu, ne peut s'attribuer l'exercice de la souveraineté » (1).

C'est à des usurpations de ce genre qu'on doit attribuer l'établissement de l'anarchie féodale : elle s'est élevée petit à petit sur les ruines de l'autorité royale, qu'elle a fini par annuller, et au mépris des droits de la nation, qu'elle a réduite en un dur et honteux esclavage. La même masse de pouvoir existait toujours dans la nation ; mais quelle différence ! Au lieu d'un législateur unique, à la place de Charlemagne proclamant ses Capitulaires au milieu de l'assemblée des Francs , des milliers de législateurs particuliers sont venus fausser le droit commun pour le tourner à leur singulier profit. Chacun a battu ou plutôt altéré monnaie (2). Au lieu d'un seul genre de guerre : celle de la nation en masse levée contre ses ennemis extérieurs, on a vu les guerres privées de

---

(1) Recueil des lois de compétence, p. 459.

(2) Jusque sous le règne de Saint-Louis , en 1262 , on comptait encore plus de quatre-vingts barons ayant le droit de battre monnaie. *Pig. Lebr.* Hist. de Fr. t. III, p. 400.

château à château, de ville à ville, de province à province, de vassal à suzerain, du sujet à son Roi. A la place d'une justice unique, pure, impartiale, émanant du Prince, pour la protection uniforme de ses sujets, on a vu les justices *patrimoniales*, les procureurs *fiscaux*, et avec eux les confiscations, et toute espèce d'arbitraire et de vexation jusqu'à l'époque où, se relevant de ses ruines, le pouvoir royal sut rappeler à lui par le droit tout ce que la féodalité lui avait ravi par le fait.

Tenons donc pour maxime invariable d'ordre public que nul corps dans l'Etat, nul individu ne peut exercer d'autorité qu'autant qu'elle émane de la Souveraineté; c'est-à-dire qu'autant que la Souveraineté lui en a expressément délégué l'exercice (1). Ces délégations de pouvoir ne peuvent être que temporaires', pour un nombre d'années déterminé, ou pour la vie d'un titulaire. Mais « les fonctions publiques ne peuvent pas devenir la propriété de ceux qui les exercent (2) »; autrement, ce serait *aliéner une partie* de la Souveraineté; et le nombre de ces démembremens fractionnaires pourrait être tel à la fin, que la Souveraineté se trouve-

____

(1) Recueil des Lois de compétence, p. 459.
(2) *Ibidem.*

raît disséminée , affaiblie , et encore une fois perdue.

S'il est de l'intérêt de la Souveraineté qu'elle ne soit pas trop divisée, dans la crainte que son action n'en soit affaiblie, il importe réciproquement à sa conservation qu'une trop grande part du pouvoir ne soit pas non plus départie au même individu. Nos Rois ont bien senti cette vérité, lorsqu'ils ont aboli successivement celles des grandes charges de la Couronne, qui donnaient trop de pouvoir à leurs sujets, soit dans l'Armée, soit dans l'Etat (1).

Ici se présente la théorie de la *division des pouvoirs.*

Leur confusion produit l'anarchie.

Leur concentration crée le despotisme.

Leur juste répartition assure le bonheur du peuple et la durée du pouvoir.

Nos législateurs ont donc eu raison de dire que « la garantie sociale ne peut exister si la division des pouvoirs n'est pas établie; si leurs limites ne sont pas fixées; et si la responsabilité des fonctionnaires publics n'est pas assurée (2) ».

---

(1) Les *Maires du palais*, les *Sénéchaux*, les *Connétables.* — V. l'art. 15 de la loi du 25 mars 1791 , portant « *il n'y aura pas de premier ministre.* »

(2) Lois de compétence , p. 460.

Dans cette division des pouvoirs, la compétence de chaque autorité a pour limite la part qui lui est attribuée ou déléguée par le mandat qui lui est donné.

Chacune d'elles a droit de jouir des pouvoirs qui lui sont délégués ; — mais aucune d'elles ne doit les franchir (1).

Ces deux propositions sont confirmées par le texte de nos lois :

1°. « Rien n'est plus instant que d'assurer à toutes les autorités constituées l'exercice du pouvoir qui leur est délégué par la constitution (2). »

2°. « L'ordre ne peut exister dans le royaume qu'autant que chaque autorité constituée se renfermera dans les limites prescrites par la loi (3). »

Autrement les hommes, détruisant l'ouvrage des lois, replongeraient de fait la société dans le chaos dont le législateur aurait en vain travaillé à la faire sortir.

Ecoutons le vénérable Henrion de Pensey, cette vive lumière de la nouvelle comme de l'ancienne jurisprudence, déplorer, dans son grand ouvrage de l'*Autorité judiciaire*, les inconvéniens qui

---

(1) Fines enim mandati diligenter custodiendi sunt. *Loi 5. ff. mandati.*

(2) Lois de compétence, p. 349 et 350.

(3) Lois de compétence, p. 365.

résultent d'une mauvaise démarcation des pouvoirs. « . . . . . .En effet, dit-il (1), on ne verrait
pas autant de conflits, autant de variété dans les
jugemens de *compétence*, autant de malheureux
plaideurs obligés de s'épuiser, pendant des années
entières, en frais et en démarches pour *savoir
enfin quel sera leur juge*, si les justiciables et
leurs conseils connaissaient mieux la nature des
juridictions ; si les juges n'étaient pas si souvent
incertains *sur l'étendue de leur autorité ;* si les
législateurs traçaient d'*une main plus ferme. la
ligne de démarcation entre les différens pouvoirs.* »

Pour éviter les écarts et les usurpations de
pouvoir, et pour prévenir ou fixer les incerti-
tudes des citoyens et des fonctionnaires publics,
celui qui délègue les pouvoirs doit donc apporter
la plus sévère attention à bien marquer les limites
dans lesquelles devront s'exercer les diverses
fonctions.

Quand une terre est mal bornée, le voisin anti-
cipe ; et plus tard il devient difficile de démon-
trer l'usurpation ; au lieu que, s'il existe un bon
fossé, une haie vive et bien entretenue, chacun
demeure inexpugnable dans sa possession.

Le législateur ne peut ignorer le penchant

---

(1) A la fin du chapitre XIII.

qu'ont les hommes à l'envahissement : il existe chez les individus et dans les divers corps ; et cette rivalité peut surtout se remarquer entre *l'ordre judiciaire* et *l'ordre administratif* ; avec cette différence, cependant, que l'ordre administratif y met plus de hardiesse ; et l'ordre judiciaire plus de réserve et de timidité.

Il est facile d'en dire la raison : la Révolution s'étant faite principalement contre les grands Corps de magistrature, les divers gouvernemens qui ont succédé à l'ancien ont toujours vu avec prévention *l'ordre judiciaire*. Quoique cet ordre eût été reconstitué dans les plus petites proportions, on rêvait toujours le fantôme des Parlemens ; on craignait de voir renaître sinon leur pouvoir, du moins *leur esprit d'opposition* au nouveau système qui s'établissait.

Cette appréhension de la part du gouvernement républicain est assez nettement exprimée dans un rapport fait en l'an VI par le ministre de la justice au Directoire exécutif, dans le but de lui faire sentir le danger qu'il y aurait, pour le nouveau régime, à remettre aux tribunaux la connaissance de la validité ou de l'invalidité des ventes des biens nationaux (quoiqu'il s'agît là de pures questions de propriété), et l'avantage au contraire qu'il y aurait à réserver cette connaissance aux administrations.

L'ordre administratif, de son côté, hardi comme les enfans gâtés, n'a cessé, en raison même de ce qu'il se sentait soutenu, d'étendre ses attributions dans le domaine de l'ordre judiciaire. Et il l'a pu avec d'autant plus de facilité que les lois de la république ont ouvert, en faveur de l'administration, l'énorme voie des *conflits* pour revendiquer les objets prétendus appartenir à l'ordre administratif ; tandis qu'elles n'ont laissé à l'ordre judiciaire aucun moyen pour défendre réciproquement sa compétence contre les empiétemens de l'administration !

Ce n'est pas qu'il n'existe des lois qui ont eu pour but de marquer les limites qui doivent séparer *les deux puissances*. Voici notamment sur ce point deux articles très-positifs : l'un porte « que les corps administratifs ne peuvent, ni s'immiscer dans l'exercice du pouvoir législatif ou suspendre l'exécution des lois, ni rien *entreprendre sur l'ordre judiciaire* ni sur les dispositions ou opérations militaires (1), sous peine de forfaiture (2).

L'autre dispose également que « les tribunaux ne peuvent ni s'immiscer dans l'exercice du pouvoir législatif ou suspendre l'exécution des lois,

---

(1) Lois de compétence , p. 299.

(2) *Ibidem*, p. 400.

ni *entreprendre sur les fonctions administra-*
tives, ou citer devant eux les administrateurs à
raison de leurs fonctions (1).

Mais ces articles, trop généraux dans leurs
termes, attendent toujours que l'on définisse
exactement ce que l'on doit entendre par ces
mots : *entreprendre sur l'ordre judiciaire*, et
par ceux-ci : *entreprendre sur les fonctions
administratives.*

Les efforts du législateur doivent tendre à fixer
les deux lignes de compétence avec une précision
telle que les conflits deviennent, pour ainsi dire,
impossibles ; et que chaque autorité jouisse, sans
trouble, de la connaissance des affaires qui ren-
trent naturellement dans ses attributions.

J'ai dit que, la nature des pouvoirs restant la
même, leur division seule variait selon la forme
des divers gouvernemens.

En France, le gouvernement n'a jamais été
absolu : c'est même à cette cause que nos plus
anciens historiens attribuent l'amour des Français pour leurs Rois, dans lesquels ils se plai-
saient à voir les défenseurs naturels de leurs droits
et les protecteurs de la liberté publique (2).

______

(1) Lois de compétence, p. 301.

(2) Non supercilio in populos, veluti orientales
reges...... sed amore in populos, et mutuo populorum

« Beau fils, dit Saint-Louis dans les Instructions qu'il laissa à Philippe son fils aîné, *maintien les franchises et libertés* esquelles tes prédécesseurs ont maintenu et gardé leurs subjets, et les tien en faveur et amour (1). »

Aussi nos Rois, à leur sacre, faisaient ce serment : « Je promets à mon peuple que je ferai usage de mon autorité pour la conservation *de son droit* et des lois (2). »

« Notre monarchie, dit Larocheflavin, *n'est point un royaume absolu*, où la volonté du Roy est loi, sa parole arrest..... Mais ce royaume et monarchie de France est réglé et policé, et est composé et mixtionné de trois sortes de gouvernemens ensemble (3). » Il analyse ensuite les élémens dont le gouvernement de la France est formé, et les moyens d'opposition qu'il appelle « de *bonnes et sûres brides* pour tempérer le pouvoir, et empêcher que la monarchie n'aille

---

in regem amore..... Ut et vicinæ gentes francos habere reges desiderarent, sub quibus ... *libertate suâ* populis uti liceret. D. RUYNART, *præf. ad* GREG. TURON. *Histor.*

(1) Histoire de Saint-Louis, par Joinville, édition de Ducange, part. I, p. 126, part. II, p. 398.

(2) Recueil des Hist. de France, t. XI, p. 658.

(3) Larocheflavin; *Des Parlemens*, liv. 13, ch. 17, nos 1 et suiv.

à l'abandon par la volonté effrénée d'un seul. »
Ibid.

Louis XVIII a donc suivi l'ancien esprit de la monarchie, en reconnaissant, dans le préambule de la Charte, que ses prédécesseurs, bien loin d'avoir affecté le pouvoir arbitraire, *n'avaient jamais hésité à modifier l'exercice de leur autorité, suivant la différence des temps ;* il a suivi l'esprit de la monarchie, et réellement renoué la chaîne des temps anciens avec celle des temps modernes, en donnant à la France *une constitution libre et monarchique* (1).

Suivant cette constitution librement octroyée, librement reçue, le gouvernement actuel de la France est monarchique et représentatif.

La *puissance législative* s'exerce collectivement par le Roi, la Chambre des Pairs et la Chambre des Députés des départemens. (*Charte,* art. 15.)

La *personne* du Roi est inviolable et sacrée.

Il est le *chef suprême* de l'Etat ; il commande les forces de terre et de mer, et nomme à tous les emplois d'administration publique. (Art. 14.)

Toute *justice* émane du Roi. Elle s'administre en son nom par des juges qu'il nomme et qu'il institue. (Art. 57.)

____

(1) Préambule de la Charte.

A lui seul appartient la *puissance exécutive.* (Art. ı3.)

Il jure de *gouverner* selon les lois. (Art. 74.)

A la tête du *gouvernement du Roi* sont placés les *ministres.* (Art. ı3.)

Chaque ministre est le chef d'une des principales *branches de l'administration publique.*

Il y a huit ministres, savoir :

Un ministre de la *justice ;*

Un ministre de l'*intérieur ;*

Un ministre des *finances ;*

Un ministre de la *guerre ;*

Un ministre de la *marine* et des *colonies ;*

Un ministre des *relations extérieures ;*

Un ministre des *affaires ecclésiastiques* et de l'*instruction publique* (détaché en dernier lieu du ministère de l'intérieur) ;

Enfin, un ministre de la *maison du Roi*).

Sous chacun de ces ministres (à l'exception toutefois de celui de la maison du Roi, qui est chargé plutôt d'une administration privée que d'une branche d'administration publique), viennent se ranger des fonctionnaires d'un ordre inférieur ; c'est ce qui constitue *la hiérarchie :* sorte d'échelle le long de laquelle le pouvoir descend du trône jusqu'au dernier employé, et remonte ensuite jusqu'au trône, en observant les mêmes degrés.

Ainsi, dans l'ordre judiciaire, on trouve :

Le Garde-des-sceaux, chef de la Magistrature, ayant conservé dans ses attributions celles de Grand-juge (1),

La Cour de cassation,

La Cour des comptes,

Les Cours royales d'appel,

Les tribunaux civils de première instance,

Les tribunaux de commerce,

Les juges de paix,

Les prudhommes (qui sont les juges de paix commerciaux) :

Dans l'ordre administratif, subordonné au ministère de l'intérieur :

Les préfets, comme chefs de l'administration ;

Les sous-préfets,

Les maires,

Les adjoints de maires ;

Et ainsi de suite dans toutes les diverses branches d'administration.

Sous un gouvernement constitutionnel, quoique les fonctions soient divisées entre les divers ministres, le *Ministère*, considéré collectivement sous la présidence de l'un de ses membres (*pré-*

______

(1) Quoiqu'il ne soit pas inamovible. Voyez *Charte*, art. 57.

mus inter pares), est *indivisible ;* il est *soli-daire* pour les actes qui supposent une délibéra-tion commune. En principe , souvent décrété , jamais mis en pratique , il est *responsable.* (*Charte*, art. 13.)

Il en faut dire autant de tous les fonction-naires , quels qu'ils soient ; chacun d'eux est res-ponsable envers la société des fautes qu'il commet dans l'exercice de la portion de pouvoir qui lui est confiée (1).

Lorsqu'il s'agit de déterminer *la compétence* d'une autorité quelconque, deux choses sont d'abord à considérer :

La juridiction,

Et le territoire.

La *juridiction*, en décomposant ce mot, con-siste à *dire droit* aux parties, *jus dicere ;* mais comme une décision quelconque, pour être juste, ne doit être rendue qu'en *connaissance de cause,* je définirai la JURIDICTION : « Le droit que la loi donne à un fonctionnaire public *de décider en connaissance de cause* les affaires qu'elle a pla-cées dans ses attributions. » Ainsi la juridiction

______

(1) Tout fonctionnaire est mandataire ; et tout man-dataire doit compte et répond de sa gestion. *Lois de com-pétence* , p. 296.

consiste dans le droit de *connaître* et de *dire droit*, ou de juger : *in notione et judicio consistit* (1).

Lorsque le droit de faire exécuter la décision (*coërcitio*) est joint au droit de décider, le fonctionnaire a ce que les lois appellent le commandement, *imperium* (2).

Un fonctionnaire est incompétent ou à raison des personnes, ou à raison de la matière ; *ratione personœ*, vel *ratione materiœ*.

Par exemple, les juges ordinaires sont incompétens pour faire le procès à un pair de France, leurs Seigneuries ayant le privilége constitutionnel de n'être jugées que par la chambre des pairs en matière *criminelle*. (Charte, *art*. 34.) Cette incompétence procède de la qualité de la personne, *ratione personœ*.

Mais, la chambre des pairs serait incompétente pour connaître d'un procès *civil*, lors-même que ce procès intéresserait un pair de France ; l'incompétence se tirerait alors, non de la qualité des personnes, mais de celle de la matière qui, par sa nature, appartient à la juridiction ordinaire.

____

(1) Pothier, dans ses *Pandectes*, la définit ainsi d'après Cujas : JURISDICTIO *proprié dicta*, *est notio jure magistratûs competens*. tit. *de Jurisdict*. n° 2.

(2) IMPERIUM *est jus coërcitionis et coactionis*. Pothier, *ibidem*.

Il ne suffit pas qu'un fonctionnaire soit compétent à raison de la matière, il faut encore qu'il soit compétent à raison du *territoire;* il faut, si je puis m'exprimer ainsi, *qu'il soit sur son terrain.*

L'universalité du territoire français se partage en *communes, cantons, arrondissemens, départemens* et *divisions militaires.*

Chaque fonctionnaire public est préposé à l'une de ces fractions, qui compose son *territoire particulier* (1).

Compétent pour connaître des affaires et des personnes qui sont dans les limites de ce terri-

---

(1) Suivant les jurisconsultes romains, le mot *territorium* vient de ce que chaque magistrat a le droit de poursuivre et de *terrifier* par son pouvoir tous les mal-intentionnés qui se trouvent dans les limites de son territoire. — Territorium *est universitas agrorum intrà fines cujusque civitatis, quod ab eo dictum quidam aiunt, quòd magistratus ejus loci intrà eos fines,* Terrendi, *id est, submovendi jus habet. L.* 239. §. 8. ff. *de verb. signif.* — Je n'admets pas cette étymologie. Vraie pour les juges d'instruction, les procureurs du Roi et les tribunaux criminels; elle faillit pour les tribunaux civils ; pour les juges de paix dont la mission est de *concilier,* et non de *terrifier;* pour les administrateurs dont la juridiction, quand ils entendent bien leur affaire, est plus souvent volontaire et gracieuse que contentieuse et coërcitive.

toire, il est incompétent pour s'immiscer dans la connaissance des affaires qui appartiennent à un territoire voisin (1).

Enfin il ne suffirait pas que le fonctionnaire, déjà compétent à raison des *personnes* et de la *matière*, le fût également à raison du *territoire*, s'il entreprenait de régler l'*exécution* de sa décision, hors les cas où la loi lui confère ce droit.

Tels sont les fonctionnaires qui n'ont qu'une juridiction *extraordinaire*. Ces fonctionnaires n'ont pas de territoire. Dès-lors, l'exécution (*coërcitio*) ne leur appartient pas ; ils n'ont pas le commandement (*imperium*) ; ils n'ont que la simple juridiction, une juridiction *exceptionnelle*, restreinte aux seules personnes et aux seuls cas spécifiés par la loi de leur institution ; et, par suite de la règle qui veut que, cessant l'exception, le principe reprenne son activité, une fois que ceux qui exercent la juridiction extraordinaire ont porté leur décision, leur pouvoir est consommé ; ils sont dessaisis. Et l'exécution est dévolue au fonctionnaire qui exerce la juridiction ordinaire, et qui, à ce titre, a reçu du souverain la

____

(1) Extrà territorium, jus dicenti impuné non paretur : L. 20, ff. *de jurisdictione.* — Idem est si suprà jurisdictionem suam velit dicere. *Dictâ lege,*

plénitude de la juridiction avec droit de commandement sur tout le territoire (1).

Ainsi, par exemple, la loi a institué des *tribunaux de commerce*, pour juger les affaires commerciales ; mais « ces tribunaux ne connaissent point de l'exécution de leurs jugemens » (2). — « Les contestations élevées sur l'exécution de ces jugemens doivent être portées devant le tribunal de première instance du lieu où l'exécution se poursuit » (3). — En effet, les tribunaux civils de première instance constituent la *juridiction ordinaire ;* et, à ce titre, « ils ont seuls, comme dit Loyseau (4), puissance ordinaire, juridiction entière, et vrai détroit et territoire..... Ils sont les juges ordinaires des lieux et du territoire, ayant justice régulièrement et universellement sur les personnes et les choses qui sont en icelui ; » — « sans autres exceptions que celles qui sont expressément attribuées à d'autres juges » (5).

---

(1) Ordinaria jurisdictio breviter illa est quæ per legem datur universaliter pro modo territorii. Molinæus, *ad lib.* 3. Cod. *tit.* 13.

(2) Code de procédure, article 442.

(3) Même Code, art. 553. Voy. pour exemple l'art. 427.

(4) *Traité des Offices....*

(5) Domat, *Droit public*, liv. 2, tit. 1er, sect. 1. — Loi du 24 août 1790, tit. 4, art. 4.

Enfin, pour qu'un fonctionnaire soit réellement compétent, il faut qu'il ne soit pas *récusable*. S'il connaît cause de récusation en sa personne, il doit lui-même la déclarer (1); s'il l'ignore et qu'on la lui révèle, il doit s'abstenir. S'il ne s'abstient pas de bon gré, l'autorité supérieure doit intervenir pour l'empêcher de prononcer.

La récusation pratiquée dans les tribunaux ordinaires ne semble pas également autorisée dans l'ordre administratif; du moins il n'existe pas de loi précise à cet égard. Mais la raison n'est-elle donc pas la même pour toutes les fonctions? n'est-il pas de droit naturel, de pudeur publique, que *nul ne puisse être juge dans sa propre cause*, ou dans celle de ses *proches parens* (2)? Ce

---

(1) Code de procédure, art. 380.

(2) *Qui jurisdictioni præest, neque sibi jus dicere potest, neque uxori, vel liberis suis, neque libertis, vel cæteris quos secum habet. l. 10 ff. de jurisdictione.* — J'appliquerais volontiers cette loi, même aux Chambres législatives. Si quelque pair ou député avait un intérêt direct et personnel à ce qu'une loi passât, en bonne et droite conscience il devrait s'abstenir de voter. Par exemple, si l'on propose une loi pour l'indemnité, je ne crois pas qu'un émigré puisse voter pour la loi, car il y va de son intérêt personnel et pécuniaire. Il voterait dans sa propre cause. Il s'adjugerait une somme d'argent.

qu'un membre de l'ordre judiciaire ne pourrait pas faire sans encourir la forfaiture, *être juge dans sa cause*, un préfet l'oserait-il impunément ? déciderait-il valablement en sa faveur contre l'un de ses administrés ? Non, sans doute ; et la défense de juger recevrait certainement ici son application par analogie : *Ubi eadem ratio occurrit, ibi idem jus statuendum est.*

Voilà quelques-unes des principales règles applicables en matière de compétence. Il y aurait encore beaucoup à dire ; mais je n'entreprends point ici un traité *ex professo* (1) ; et je ne veux

———

—Dans le procès où Hugues fut déclaré déchu de ses fiefs, « Saint-Louis *ne voulut pas être juge dans sa propre cause.* Il assembla un baronnage à Paris ; il y exposa des griefs contre le comte, et laissa aux barons le soin de le juger. » (Hist. de Fr. par Pig. Leb. t. III, p. 305.)

(1) M. Carré, à qui l'on doit plusieurs excellens livres de droit, publie en ce moment, sur *la Compétence*, un grand ouvrage, qui, probablement, ne laissera rien à désirer de ce qu'il est utile de savoir sur cette importante matière. On peut aussi consulter avec beaucoup de fruit l'in-4°. de M. Henrion de Pansey, sur *l'Autorité judiciaire*, notamment ce qu'il dit sur les différentes espèces de juridiction ; — contentieuse ou volontaire, — propre ou déléguée, — ordinaire ou extraordinaire, — temporelle ou spirituelle ; — de la juridiction prorogée, etc., etc. — Enfin, le titre *de jurisdictione* dans les *Pandectes* de

point excéder les bornes d'une simple *introduction*.

§. II.

Du recueil des Lois de Compétence.

On conçoit aisément l'utilité d'un recueil des *lois de compétence*.

En fait de pouvoir, tout est l'œuvre de la loi : *Omnis potestas à lege*. Les commissions désignent les titulaires, mais ne définissent pas les fonctions : pour régler leur exercice, il faut recourir aux lois qui les ont instituées.

Ici *les textes* sont tout : les inductions, les raisonnemens n'ont par eux-mêmes aucune autorité ; ils ne tirent leur force que de leur parfaite conformité avec le texte et l'esprit de la loi. Autrement ce seraient donc les jurisconsultes qui décideraient de la compétence des fonctionnaires !

Surtout sous un gouvernement constitutionnel, qui est éminemment *le gouvernement du droit ;* où chaque citoyen peut dire à tout instant au fonctionnaire le plus élevé comme au plus mince employé : *Vous n'avez pas le pouvoir de faire telle chose ;* de quel avantage n'est-il pas d'avoir *un texte de loi* à opposer ou à invoquer ?

Pothier, et le Commentaire que G. Noodt nous a laissé sur cette matière un peu abstraite de sa nature.

·Mais ces lois de compétence où sont-elles ? Enfouies dans un recueil officiel qui comprend maintenant plus de quatre-vingts volumes (1), perdues au milieu d'une foule d'actes législatifs et réglementaires, dont le nombre s'élève aujourd'hui à plus de quarante mille (2).

En effet, il n'existe presque pas de *lois générales* sur la compétence des fonctionnaires. La plupart des compétences résultent de lois de *détail*, d'articles *isolés* qui, progressivement et selon le besoin des temps, ont conféré telle ou telle attribution tantôt à une autorité, tantôt à une autre, suivant la *tendance* du jour.

Ajoutez à cela que les dénominations des diverses fonctions ont changé plusieurs fois, sans que pour cela la compétence ait changé ; seulement les pouvoirs ont été transportés d'une autorité à une autre ; des intendans, aux administrateurs de département ; des administrateurs de dé-

---

(1) Dix-huit volumes de la collection in-4°. dite du *Louvre*, et 66 vol. du Bulletin des Lois, in-8°.

(2) La collection in-4° comprend 2,387 lois. Le Bulletin contient, dans la première série, 1,099 lois et arrêtés ; dans la seconde, 3,535 ; dans la troisième, 3,846 ; dans la quatrième, 10,254 ; dans la cinquième, 841 ; dans la sixième, 315 ; dans la septième, depuis la seconde restauration, 17,812 ; en tout, 40,090 actes législatifs ou réglementaires, non compris les *supplémens* et les numéros *bis*.

partement, aux préfets ; quelquefois sans modification, d'autres fois avec des nuances.

Qu'on ne s'étonne donc pas du nombre considérable de lois et d'articles compris dans le *Recueil des lois de compétence*. C'est assurément de tous ceux dont se compose ma Collection celui qui a exigé le plus de temps et d'attention. Ici les lois ne se classaient pas uniquement par leur titre ; il fallait interroger le fonds même des dispositions ; il y avait à prendre dans presque toutes les lois. Il m'a donc fallu tout lire pour tout extraire : c'est une peine que peu de gens avaient prise avant moi ; et je n'aurai guère d'imitateurs.

J'ai rassemblé les lois concernant la *compétence des fonctionnaires publics de toutes les hiérarchies*, mais plus particulièrement cependant des hiérarchies civile, judiciaire et administrative ; car pour la guerre, les finances et quelques autres parties plus éloignées de l'usage ordinaire, quoique j'aie rappelé les lois principales, je ne me suis pas proposé de rassembler sans exception tous les réglemens qui les concernent. J'eusse par-là donné à mon Recueil, déjà très volumineux, une étendue trop considérable, et qui, en augmentant le prix outre mesure, en eût rendu l'usage moins universel.

J'ai rapporté plusieurs lois, quoique purement *transitoires*. On a besoin d'y recourir encore,

Elles ne règlent pas l'avenir ; mais souvent on veut savoir ce qu'est devenu le passé. J'en donnerai pour exemple les lois qui ont prescrit que les affaires pendantes devant telle juridiction supprimée seraient transportées devant telle autre nouvellement instituée ; les lois qui ont établi des archives, et ont ordonné d'y transporter tels ou tels dépôts particuliers. On ne peut nier l'utilité que conservent encore aujourd'hui des indications de ce genre.

Je n'ai pas repris dans les cinq Codes les divers articles qui contiennent des attributions aux différens fonctionnaires de l'ordre judiciaire. Ces articles sont plus aisés à retrouver dans les codes mêmes qu'ils ne le seraient dans mon Recueil , où ils se trouveraient confondus avec une foule d'autres lois.

C'est en vain que j'aurais réuni avec le plus grand soin en un seul *Volume* toutes les *lois de compétence*, si je n'avais pris la peine fort ennuyeuse, mais indispensable, d'y joindre une *table* très-étendue, à l'aide de laquelle chaque fonctionnaire pût être sûr de trouver des renvois aux divers articles qui ont réglé sa compétence.

Du reste, je n'ai pas essayé d'établir, comme dans les autres volumes que j'ai publiés, une *conférence* suivie entre les différentes lois de ce Recueil. Il m'a semblé que cette conférence résultait naturellement de la *table des matières*, où l'on trouve ralliées sous chaque mot toutes les indications qui s'y rattachent.

J'avais eu un autre dessein ; celui de joindre à mon travail une *partie théorique*, où les règles de la compétence auraient été développées avec quelqu'étendue ; et un *compendium* des divers *arrêts* rendus en matière de compétence, comme je l'ai fait pour les *lois des communes* et les *lois forestières*.

Mais le temps et ma santé altérée par ce surcroit de travail, ajouté aux travaux du palais, m'ont manqué à la fois ; et je n'ai pas voulu retarder davantage la publication de ce Recueil, annoncé depuis long-temps.

D'ailleurs, j'ai dû mettre un terme à mes travaux de classificateur, depuis que le gouvernement a nommé une commission nombreuse de fonctionnaires publics, justement renommés, pour reprendre cette œuvre de classification , et proposer des projets d'ordonnances générales par ordre de matières.

Puisse cette commission réaliser un vœu que j'ai formé depuis long-temps (1) ; et à l'exécution

---

(1) Dans l'opuscule intitulé : *De la nécessité de reviser toutes les lois promulguées depuis* 1789. Broch. in-8º publiée en 1814 ; —*l'Introduction* du premier volume de ma

duquel j'ai concouru de toutes mes forces pendant plus de *dix années* (1)!

Collection, ayant pour titre, *Lois concernant les lois*, qui
a paru en 1817, au §. XVI, — et dans l'opuscule intitulé,
des Magistrats d'autrefois, §. VII. Je m'exprimais en
ces termes : « On *reviserait* toutes les lois existantes; —
on *abrogerait* formellement celles qui ne conviennent
plus à notre gouvernement, ni à nos mœurs ; — on
classerait les autres par ordre de matières, et l'on en
composerait différentes *lois* ou *ordonnances générales*. Tels sont mes vœux, disais-je alors : ils ne seront
peut-être jamais remplis ! mais je n'ai pu me défendre
du besoin d'exprimer à quel point je voudrais les voir
exaucés : »

    . . . . .Nec me sperare fatebar ;
    Sperabam tamen, atque animo mea vota fovebam.

(1) Chargé par le gouvernement de composer divers
Recueils de lois , par *ordre de matières*, suivant le plan
tracé par l'avis du Conseil-d'Etat du 7 janvier 1813 , j'ai
publié successivement, depuis cette époque, les Recueils suivans : Lois *concernant les lois;* — lois *civiles,* —lois *commerciales,* —lois concernant le droit des
tiers ; —lois et actes sur les *majorats;* — lois de *procédure civile* devant les tribunaux ordinaires, en cassation et au Conseil-d'Etat ; — lois *criminelles;* — lois
forestières, auxquelles on joint le *Code de commerce
des bois et charbons* pour l'approvisionnement de
Paris ; — lois des *communes;* — lois de *compétence ;*
en tout, 16 volumes in-8°.

Il est facile maintenant , en prenant successivement
chacun de ces volumes, d'en extraire des *projets de lois*

Cependant, dans le désir même que j'ai de voir opérer une refonte si désirable dans notre législation, je me permettrai, sur l'ordonnance du 21 août 1824, quelques réflexions qui, je l'espère, seront prises en bonne part, et peut-être seront mises à profit par ceux-là même qui font le moins de cas de mes opinions et de mes travaux.

§. III.

Observations sur le mode de révision adopté par l'ordonnance du 21 août 1824.

L'ordonnance précitée dit, art. 1er, « qu'il sera » formé une commission de révision chargée de » *colliger* et de vérifier les arrêtés, décrets et au-

---

ou d'*ordonnances générales*, et de négliger ce qu'on ne jugera pas à propos de conserver.

Mais, pour composer chaque volume de ma Collection, et y rassembler toutes les lois concernant *la même matière*, il m'a fallu, chaque fois, tenir d'un bout à l'autre les 86 volumes de la Collection in-4°. et du Bulletin des Lois.—Quelle a été ma récompense?... La commission qui m'avait été conférée sur la recommandation de l'archichancelier, par le grand-juge duc de Massa, et continuée avec les témoignages de la plus entière bienveillance sous le gouvernement du Roi, par MM. le comte Molé, le baron Pasquier, le comte Siméon et M. de Serres, a été brusquement révoquée le 20 février 1822, peu de temps après la publication de mes *Observations sur la législation criminelle*....

» tres décisions réglementaires rendues antérieu-
» rement au rétablissement de l'autorité royale
» en France. »

Aux termes de l'art. 2, « la commission pré-
» parera successivement, suivant l'ordre des ma-
» tières des *projets d'ordonnances*, portant abro-
» gation explicite et définitive de celles de ces dé-
» cisions qu'elle jugera ne pas devoir être main-
» tenues. — Elle préparera également et dans le
» même ordre des *projets d'ordonnances* des-
» tinées à remplacer celles dont les dispositions
» auront été reconnues utiles, et qui devront être
» conservées. »

Une première réflexion se présente. D'après
l'ordonnance, le travail de MM. les commissaires ne devra porter que sur les *arrêtés, décrets* et autres *décisions réglementaires* ; il ne
portera donc pas sur les *lois* ; ce travail sera
donc incomplet.

Alors il ne remplira pas son but, qui est, d'une
part, de simplifier la législation, en offrant à l'avenir dans *une seule loi générale* toutes les dispositions aujourd'hui éparses dans le bulletin ; et,
d'autre part, d'empêcher qu'à côté des actes
émanés de l'autorité royale on ne cite à tout
propos les arrêtés du *Directoire, les lois de la
Convention*, etc.; etc.

Il vaudrait mieux, ce me semble, que le

travail de MM. les commissaires s'étendît, sans exception aucune, *à tous les actes de la législation* depuis 1789 jusqu'à l'époque actuelle ; alors, il offrirait dans son ensemble un tout parfaitement complet.

Au lieu de cela, on aura un certain nombre d'ordonnances dites *générales*, et qui ne le seront point : il n'en faudra pas moins s'embarquer à la recherche des lois qui flottent éparses dans le vaste océan du bulletin ; on aura cherché l'uniformité ; et l'on n'aura fait qu'augmenter la bigarrure.

Je crois deviner pourquoi le promoteur de l'ordonnance du 21 août a exclu les *lois* de la mission de MM. les commissaires. Il a bien senti que, si leur travail portait sur les lois, il faudrait recourir aux chambres, soit pour leur faire prononcer les *abrogations* reconnues nécessaires, soit pour leur faire adopter les *nouvelles rédactions* qu'on jugerait à propos de proposer. En effet, on ne peut pas faire de nouvelles lois, ni défaire les lois existantes par simple ordonnance. Or, il paraît que le ministre n'a eu en vue que dé faire préparer de simples *projets d'ordonnances*, susceptibles dès-lors d'être adoptés sans retard ni discussion.

Je conçois qu'en effet cette forme *d'ordonnances* peut être adoptée, s'il ne s'agit que de dispositions *purement réglémentaires.* Mais que l'on veuille y réfléchir un instant.

1° Pendant les diverses périodes qui ont précédé la restauration, la distinction des pouvoirs n'a pas toujours été fort respectée. La Convention les a presque tous cumulés ; et plusieurs de ses actes, quoiqu'ils ne portent que le titre *d'arrêtés,* ont véritablement le caractère de *lois.* Il en faut dire autant des *décrets* de l'Empire : un grand nombre d'entre eux n'offre que d'audacieuses entreprises sur le pouvoir législatif (1). — Même en n'opérant que sur les *arrétés* et les *décrets* qui sont dans le bulletin des lois, MM. les commissaires sont donc exposés à mettre la main sur la législation proprement dite, et à placer dans les *projets d'ordonnances* qu'ils sont chargés de rédiger des dispositions qui excédent en réalité le pouvoir constitutionnel des ordonnances.

2° Autre inconvénient. Dans quels cas les *arrétés* et *décrets* ont-ils le caractère d'actes purement *réglementaires?* C'est lorsqu'il sont été ren-

---

(1) Citons un exemple entre mille. Un décret du 26 novembre 1806 porte, art. 1er : « La disposition de l'article 14 du titre 2 de *la loi* du 25 mai 1791, portant réglement sur la propriété des auteurs de découvertes en tout genre d'industrie, est ABROGÉE. »

d

dus pour assurer l'*exécution des lois*. Mais comme le travail de MM. les commissaires ne doit pas porter sur les lois, qu'arrivera-t-il ? Il arrivera de deux choses l'une : — ou que, révoltés par l'injustice d'un décret, ils le porteront dans l'ordonnance d'abrogation ; et cependant la loi sur laquelle ce décret était fondé n'en continuera pas moins de subsister ; seulement, elle restera destituée du décret qui réglait son mode d'exécution, comme un vaisseau auquel on ôterait sa chaloupe ou son gouvernail : — ou bien MM. les commissaires considéreront que, *la loi existant*, il faut, par une conséquence obligée, qu'elle subsiste avec le cortége des arrêtés et décrets nécessaires à sa marche ; et alors se fera sentir dans toute sa force l'inconvénient attaché aux restrictions de leur mandat.

Dans mon opinion, (et l'on me pardonnera de la dire, en considération des réflexions que j'ai dû faire sur un sujet dont je me suis occupé si long-temps,) il conviendrait, pour obtenir un résultat vraiment utile :

1° Que MM. les commissaires n'eussent pas seulement le mandat de *colliger* les arrêtés, décrets et autres décisions purement *réglementaires*, mais aussi et principalement les *lois* proprement dites ;

2° Que leur travail ne s'arrêtât point à l'époque de la restauration, mais qu'il s'exerçât aussi sur les lois et ordonnances intervenues depuis, afin de comprendre l'*ensemble des temps* aussi bien que l'*ensemble des actes ;*

3° Qu'ils fussent autorisés à proposer des *projets d'ordonnances générales* pour toutes les dispositions qui n'excéderaient pas le pouvoir des ordonnances, — et des *projets de loi* pour tout ce qui aurait le caractère législatif ;

4° Que ces projets, même ceux de simples ordonnances, ne fussent pas immédiatement décrétés ; mais qu'ils fussent *imprimés et envoyés aux Cours de justice* et aux principales *Administrations*, afin de recueillir leurs observations, comme on l'a très-utilement pratiqué pour le Code civil, et comme en a usé d'Aguesseau, malgré sa très-grande habileté, ou plutôt parce que cette habileté même lui révélait le besoin de s'entourer de conseils pour la rédaction de ces belles *ordonnances* qui ont illustré le règne des Monarques sous lesquels il a vécu.

Alors on pourrait se vanter d'avoir réellement *colligé, classé* et *refondu* la législation ! On n'aurait pas seulement couru au plus pressé, et préparé un travail partiel, éphémère, et destiné peut-être à compliquer davantage l'intelligence et l'application des lois ; mais on aurait érigé un monument durable, aussi glorieux pour ceux qui y auraient concouru que pour le Prince sous le règne duquel il serait élevé.

ERRATA.

Page 8, ligne 17, si la force peut encore, *effacez le mot encore.*

Page 9, ligne 2, la question a-t-elle été changée, *lisez a-t-elle changé.*

Page 10, ligne de la note (1) : les colons, *lisez les noirs.*

Page 14, ligne 17, après ces mots : la rapidité de ses effets, *ôtez le point, et mettez point et virgule.*

OUVRAGES de M. DUPIN.

1. Traité des successions ab intestat. Paris, 1804. 1 vol. in-12.

2. Principia juris civilis cùm romani, tùm gallici, seu Selecta legum romanarum cum civili Codice aptè concordantium, etc. Parisiis, 1806 et ann. seq. 5 vol. in-12.

3. Réflexions sur l'enseignement et l'étude du Droit, suivies de règles sur la manière de soutenir thèse dans les actes publics. Paris, Everat, 1807. Première édition, broch. in-8°.
— Nouvelle édition. Baudouin, 1821, in-18.

4. Bibliothèque choisie, à l'usage des étudians en droit, ou Notice des livres qui leur sont le plus nécessaires. Deuxième édition. Paris, Baudouin frères, 1821.

5. Examen sur les élémens du Droit romain selon l'ordre des Instituts de Justinien, traduit du latin de M. Perreau. Paris, frères Clament, 1810, 1 vol. in-12.

6. Jo. Gotlieb. Heineccii Recitationes in elementa Juris civilis secundùm ordinem Institutionum. Accesserunt, operâ et curâ A. M. J. J. Dupin, notæ et

observationes, quibus textus vel explanatur, vel emendatur, vel illustratur, quibusque sedula ac perpetua romanarum et gallicarum legum collatio continetur. Parisiis, 1810, Warée, 2 vol. in-8°.

7. SYNOPSIS elementorum Juris romani juxtà Heineccii doctrinam. Accesserunt notulæ in quibus variæ quæque definitiones à Lorry, Ferrière, etc. incomptæ, Heineccianis breviter apponuntur. Parisiis, Durand, 1811, in-18.

8. PROLEGOMENA Juris ad usum scholæ et fori. 1820, in-18. Paris, Baudouin frères.

9. DISSERTATION sur le domaine des mers et la contrebande. Paris. Warée, 1811, in-12.

10. DE LA JURISPRUDENCE DES ARRÊTS, à l'usage de ceux qui les font et de ceux qui les citent. 1822, in-18. Paris, Baudouin frères.

11. DICTIONNAIRE des arrêts modernes. Paris, Nève, 1812, 2 vol. in-4°.

12. OBSERVATIONS sur plusieurs points importans de notre législation criminelle. 1821, in-8°

13. DE LA LIBRE DÉFENSE des accusés. Paris, Arthus Bertrand, octobre 1815. Broch. in-8°.—Nouv. édit. revue et augmentée. 1824, Warée, in-18.

14. CHOIX DE PLAIDOYERS en matière politique. Paris, Warée, 1 vol. in-8°. — En matière civile, in-8°.

15. PROCÈS du duc d'Enghien. 1823, in-8°. — Explications pour le général Hullin. — Examen impartial des calomnies répandues sur M. de Caulincourt,

duc de Vicence, à l'occasion de la catastrophe du duc d'Enghien, 1824, in-8°.

16. MÉMOIRES et plaidoyers, depuis 1806 jusqu'en 1825, 15 vol. in-4°. (*Ne se vendent pas.*)

17. LOIS des lois, ou Recueil de toutes les dispositions législatives concernant les lois, etc. Paris, 1817. Guillaume et comp. 1 vol. in-12,

18. LOIS sur l'organisation judiciaire; recueil extrait de la collection in-4°., et du Bulletin des lois, en exécution de l'avis du Conseil d'État du 7 janvier 1813, sur la commission spéciale du garde-des-sceaux. Guillaume et comp., 1819, 2 vol. in-8°.

19. LOIS CIVILES, servant de supplément au Code civil, suivies d'un recueil particulier des lois concernant spécialement le droit des tiers, avec cette épigraphe : *Sauf en autres choses notre droit, et l'autrui en toutes.* 1819, 2 vol. in-8°.

20. LOIS COMMERCIALES, servant de supplément au code de commerce. 1820, 1 vol. in-8°.

21 LOIS ET ACTES sur les majorats. 1820, in-8°.

22. LOIS DE PROCÉDURE. 1821, in-8°.

23. LOIS CRIMINELLES. 1821, in-8°.

24. LOIS FORESTIÈRES. 1822, in-8°.

25. CODE de commerce de bois et de charbon. Paris, 1817, 2 vol. in-8°, avec cartes.

26. LOIS des communes. 1823, 2 vol. in-8°.

27. LOIS DE COMPÉTENCE des fonctionnaires publics de toutes les hiérarchies. 1825, 4 vol. in-8°.

28. LETTRES sur la profession d'avocat, et bibliothèque choisie des livres de Droit, avec un supplément contenant des Notices historiques et bibliographiques, sur plusieurs ouvrages de droit et de politique, remarquables par leur antiquité ou leur originalité. Paris, Warée, 1818, 2 vol. in-8.

29. LEGUM leges, sive Bacconii Tractatus de fontibus universi Juris, per aphorismos, etc., cum quibusdam annotationibus. 1 vol. in-18. Paris, 1822. Chez Baudouin frères.

30. Des magistrats d'autrefois, des magistrats de la révolution, des magistrats à venir. Paris, Warée, 1814, in-8°. — Nouv. édit. 1824, in-18.

31. MANUEL des étudians en droit et des jeunes avocats. On a réimprimé sous ce titre les divers opuscules indiqués ci-devant, sous les nos. 3, 4, 8, 11 et 29. — 1824, 1 vol. in-18.

32. LES LIBERTÉS de l'église gallicane. Paris, Baudouin, 1824, 1 vol. in-12.

33. EDITION des principes du droit de la nature et des gens de Burlamaqui, précédée d'une Introduction et augmentée d'une Table générale analytique et raisonnée. Paris, Warée, 1820, 5 vol. in-8°.

34. Edition des œuvres de Pothier, avec une Dissertation sur la vie et les œuvres de ce jurisconsulte. Paris, Béchet, 1824 et années suiv. 10 vol. in-8°.